AF460477

VENTE

FEU

EUGÈNE GIRAUD

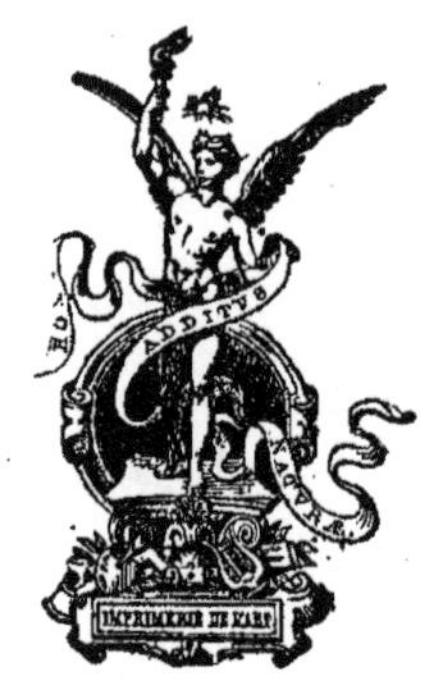

VENTE

FEU

EUGÈNE GIRAUD

PARIS. — IMPRIMERIE DE L'ART
E. MÉNARD ET J. AUGRY, 41, RUE DE LA VICTOIRE

CATALOGUE

DE LA VENTE

DE

FEU EUGÈNE GIRAUD

MEUBLES

Gothiques, de la Renaissance et du XVIIIe Siècle

Stalles — Crédences — Bahuts — Tables — Consoles — Commodes
Armoires, etc., etc.

TREIZE TAPISSERIES

GOTHIQUES, DE LA RENAISSANCE ET DU XVIIIe SIÈCLE

Faïences — Objets d'art — Armes
Cadres anciens — Costumes — Étoffes — Vieux fers
Livres — Gravures anciennes et modernes

Beau Pastel de Latour — Tableaux anciens et modernes

TROIS MILLE DESSINS & CROQUIS

DONT LA VENTE AURA LIEU

HOTEL DROUOT, SALLE N° 1

Les 9, 10, 11, 12 et 13 Février 1886

(et jours suivants, s'il y a lieu)

A 2 HEURES PRÉCISES

Me GUSTAVE COULON	**M. E. VANNES**
COMMISSAIRE-PRISEUR	EXPERT
56, Faubourg-Montmartre, 56	54, Faubourg-Montmartre, 54

EXPOSITION PUBLIQUE : Le Lundi 8 Février 1886

DE 2 HEURES A 6 HEURES.

CONDITIONS DE LA VENTE

Elle sera faite au comptant.

Les adjudicataires payeront *cinq pour cent* en sus des enchères.

L'exposition mettant le public à même de se rendre compte de l'état des objets, aucune réclamation ne sera admise une fois l'adjudication prononcée.

Paris. — Imprimerie de l'Art. E. Ménard et J. Augry
41, rue de la Victoire.

ORDRE DES VACATIONS

Le Mardi 9 Février 1886.

Faïences, Objets d'art, Armes.

Le Mercredi 10 Février 1886.

Suite des objets d'art, Meubles.

Le Jeudi 11 Février 1886.

Costumes, Étoffes, Tapisseries.

Le Vendredi 12 Février 1886.

Tableaux anciens et modernes.

Le Samedi 13 Février 1886.

Dessins et Croquis.

DÉSIGNATION DES OBJETS

MEUBLES — BOIS SCULPTÉS

1 — Belle stalle gothique à soubassement plein, à bras carrés ; le dossier ajouré est surmonté d'un dais à arcades sculptées et terminées par des chutes décorées de têtes d'anges. Cette stalle provient de la cathédrale de Rouen. Très beau travail du XVe siècle.

2 — Remarquable bahut gothique. Le devant est sculpté en plein bois de sept panneaux séparés par d'élégantes colonnettes fuselées ; le panneau central est orné de l'écu de France, au-dessus

duquel est la fermeture du coffre, en fer ajouré et repercé ; sur le moraillon est une figure d'ange ainsi que sur les angles ; les côtés du coffre sont à bandes rubannées. Ce bahut, du xve siècle, vient également de la cathédrale de Rouen.

3 — Stalle gothique, à dossier encadré de colonnettes engagées et à clochetons, et terminées par des lions accotés sur des écussons ; le soubassement est à bandes rubannées. xve siècle.

4 — Très belle porte gothique ; le panneau est décoré d'animaux, et, au centre, de deux écus de France, d'azur aux fleurs de lis, une en pointe, deux en chef, et supportés, l'un par deux hippogriffes affrontés, l'autre par deux léopards lionnés également affrontés. Cette porte, du xve siècle, est ornée de pentures et de sa serrure.

5 — Autre porte gothique ; sur la face et en plein bois sont trois panneaux en gothique fleuri ; le revers est plein et rubanné, il supporte des pentures lancéolées, le heurtoir et la serrure.

6 — Belle et grande armoire du xve siècle, en forme de buffet d'orgue, à quatre vantaux gothiques à jour et à clocheton, ainsi que le soubassement qui est en partie restauré.

7 — Bahut en bois sculpté du xve siècle, d'une belle exécution.

8 — Deux petites armoires gothiques de forme hexagonale ; les angles sont à clochetons, les portes sont à verrous.

9 — Stalle dans le goût du style gothique anglais, à dossier orné d'écussons.

10 — Autre stalle ; les bras sont droits, le dossier à panneaux en gothique fleuri, les montants sont terminés par des lions accotés sur des écussons. xve siècle.

11 — Jolie crédence du xve siècle, à deux vantaux garnis chacun de deux pentures et d'une serrure, et séparés par un panneau fleurdelisé formant l'entre-deux.

12 — Banc à dossier formé de quatre panneaux gothiques ; les bras sont carrés.

13 — Lit gothique ; les deux faces, le grand et le petit dossier sont formés par des panneaux de coffres du xve siècle. (Ce lit est la reconstitution exacte de celui qui est représenté dans le tableau de Lucas de Leyde, du Louvre.

14 — Table de nuit formée par un fragment du xve siècle, à pentures et à serrure.

15 — Petit banc en bois du xve siècle.

16 — Quatre bancs de style gothique.

17 — Six escabeaux à dossiers, dans le goût du xve siècle.

18 — Trois croisées flamandes à chacune quatre vantaux montés sur châssis, et garnis de leurs pentures lancéolées et étamées, ainsi que de doubles loqueteaux, verrous et écoinçons.

19 — Coffre de la Renaissance, à tiroir inférieur godronné ; le panneau de face est à un vantail écussonné ; les entre-deux et les parties d'angle sont à colonnettes surmontées de chapiteaux d'ordre composite. Les côtés pleins sont sculptés, le plateau du coffre est aussi à bords godronnés.

20 — Deux tables de la Renaissance, à pieds et à croisillons tors.

21 — Grande armoire en ébène plaqué, à deux vantaux vitrés, décorés d'applications en cuivre gravé, dans le genre de Boule ; le fronton est cintré. Époque Louis XIV.

22 — Deux consoles d'époque Louis XV, en bois sculpté et doré.

23 — Table-servante de forme ronde, à deux plateaux montés sur un pied tors.

24 — Coffre de la Renaissance, en ébène massif orné d'écoinçons gravés en cuivre.

25 — Console Louis XV, en bois sculpté et doré, avec son marbre.

26 — Secrétaire en vieux laque de Chine, avec marbre.

27 — Corne d'abondance en bois sculpté et peint d'inscription et d'un mascaron; l'anse est formée par une cariatide. Travail allemand du XVIIe siècle.

28 — Coffret turc peint et doré de motif d'oiseaux et de fleurs.

29 — Deux commodes en noyer d'époque Louis XV, ornées de cuivre.

30 — Écran Louis XVI, en bois peint, et garni d'une fine tapisserie ancienne *de Beauvais*, à fleurs.

31 — Commode Louis XVI en bois de rose et mosaïque, avec cuivres poinçonnés de Caffieri.

32 — Armoire hollandaise de la Renaissance, à deux portes et à colonnes torses; le fronton carré est orné de trois têtes d'anges.

33 — Table de peintre, à portes et à tiroirs en chêne sculpté.

34 — Commode Louis XV, à quatre tiroirs, et ornée de ses cuivres dorés.

35 — Autre commode Louis XV.

36 — Quatre chaises couvertes en velours rouge, à dossier garni.

37 — Deux fauteuils Louis XIII, couverts en velours rouge; les accotoirs, les pieds et les croisillons sont chargés de sculptures.

38 — Canapé en noyer, à pieds de biche et à croisillons; le dossier est à panneaux sculptés et parties garnies de velours rouge.

39 — Coffre en marqueterie, à soubassement à pilastres, et à portes pleines sculptées de personnages. Travail italien de la Renaissance.

40 — Table Renaissance, en noyer : les pieds, les entre-deux, le croisillon et la bordure sont sculptés de feuilles d'acanthe et de rinceaux.

41 — Cheminée de style Renaissance ; le fronton, dentelé et orné de mufles de lion, est supporté par deux colonnes cannelées.

42 — Glace dans un cadre Louis XIII.

43 — Très joli lustre en bois finement sculpté, à huit branches et d'époque Louis XIV.

44 — Deux petites tables-supports, en bois sur trépieds et à plateau carré.

45 — Autre table à pied et plateaux ronds, montée sur colonne torse.

46 — Deux tabourets orientaux, en bois burgauté.

47 — Lanterne chinoise à pans, verres coloriés et pendeloques.

48 — Petit retable du XVe siècle, à volets appliqués intérieurement de fleurs de lis, avec la figure de la Vierge portant l'Enfant Jésus.

49 — Autre retable gothique, à volets constellés de fleurs de lis.

50 — Statuette de saint.

51 — Statuette de la Vierge tenant Jésus. XVIe siècle.

52 — Statuette de sainte femme tenant un livre ouvert. XVIe siècle.

53 — Statuette d'évêque. XVIe siècle.

54 — Statuette d'ange appuyé sur un pilier. XVIe siècle.

55 — Statuette de Vierge, en bois, du XVIe siècle.

56 — Bois sculptés divers, panneaux gothiques et de la Renaissance, statuettes en bois sculpté, etc. (Ce lot sera divisé.)

57 — Modèle de corvette en bois peint, avec son gréement.

58 — Modèle de bateau napolitain.

PORCELAINES ET FAIENCES

59 — Grande cruche à anse et à couvercle d'étain, en vieux Delft, décorée en bleu sur blanc de personnages et vues de campagne.

60 — Pot à tabac, en grès de Flandre, à personnages.

61 — Pot à tabac, en marbre.

62 — Grande potiche à couvercle en vieux Delft bleu sur blanc.

63 — Deux grands cornets en faïence de Delft.

64 — Deux plats en vieux Chine, à fleurs.

65 — Deux jardinières en vieux Nevers, décor au manganèse; les anses sont formées par deux grosses têtes de mascarons.

66 — Soupière à couvercle en vieux Chine de la famille verte.

67 — Pichet en Delft bleu, décor chinois.

68 — Cruchon en grès de Flandre, à anse et à couverte grise, orné sur la face de deux léopards lionnés et séparés par un modillon en creux et perlé.

69 — Pinte en grès de Flandre à anse et à couverte brune, ornée au milieu et en relief d'une bande contenant une scène de danse, d'après Téniers.

70 — Paire de flambeaux en ancienne faïence de Moustiers, de forme carrée.

71 — Deux coupes en porcelaine de Canton.

72 — Trois grands pots à pharmacie en vieux Delft, avec inscriptions.

73 — Belle potiche à couvercle en porcelaine du Japon, de forme surbaissée, décorée en bleu sur blanc de fleurs de nélumbo et d'attributs.

74 — Environ 50 vases en poterie d'Égypte, de formes diverses. (Ce lot sera divisé.)

OBJETS EN MÉTAL

75 — Petit lustre en fer forgé à six porte-lumières, portant des traces de dorure. XVe siècle.

76 — Paire de chenets d'époque Louis XVI, sur leur dorure du temps.

77 — Lustre hollandais à douze lumières, en cuivre poli.

78 — Deux paires d'appliques en cuivre estampé, à personnages.

79 — Horloge à poids, du XIVe siècle. Le fronton est aux armes de Charles-Quint.

80 — Bassinoire. Le couvercle en cuivre, à bossages, est orné d'un aigle au centre.

81 — Deux plats en cuivre repoussé.

82 — Grosse lanterne Louis XIII en cuivre, avec parois en mica.

83 — Paire de flambeaux en cuivre.

84 — Fontaine en cuivre, à anses contournées.

85 — Cachepot en cuivre repoussé.

86 — Lampe italienne à huit branches en cuivre poli, montée sur colonnettes et garnie de ses accessoires : mouchettes, curette, pincettes, etc.

87 — Deux chenets d'époque Louis XIII à boules, et embases décorées de têtes et de rinceaux.

88 — Cage à oiseaux, Renaissance, à fond de cuivre repoussé, et surmontée d'une couronne fermée.

89 — Beau narguilhé à monture d'argent.

90 — Pipe orientale, formée par un œuf d'autruche encastré de parties de cuivre, à tuyau long en bois, terminé par une embouchure en cuivre.

91 — Trois narguilhés de formes diverses.

92 — Horloge en cuivre doré et repoussé. Époque de Louis XIII.

93 — Petits coffres gothiques à poignées et à serrures. (Ce lot sera divisé.)

94 — Serrures et fragments du xve siècle.

95 — Coffret de la Renaissance, couvert en velours rouge et garni d'ornements et d'écussons en cuivre poli.

96 — BARYE. Lion debout. Ancienne épreuve.

97 — BARYE. Statuette équestre de Charles VI. Ancienne épreuve.

98 — Plusieurs coffrets de style gothique, en fer. (Ce lot sera divisé.)

99 — Grand fermoir double d'escarcelle en fer du xve siècle.

100 — Service à café turc, en cuivre gravé.

101 — Aiguière et son bassin, en cuivre argenté, gravé, ajouré et émaillé. Travail oriental.

ARMES

102 — Belle selle marocaine, avec ses accessoires, garnie en velours rouge ; les passementeries et les parements sont brodés en or et argent. Les cocardes et autres pièces de métal sont en argent doré, et les étriers en fer. Cette selle a été prise à la bataille d'Isly, en 1844, à *Abdéraman*, fils de l'empereur du Maroc, et rapportée à Paris par le *général Fleury*.

103 — Pièces d'armures Henri II : cuirasse, gorgerin, épaulières et brassières. Le poitrail de la cuirasse est armorié et à bandes gravées.

104 — Épée Louis XIII à quillons contrariés, à coquille et garde-main ; sur la lame creusée d'une gorge sur chaque face, et, près du talon, l'inscription : *Jésus Maria*.

105 — Couteau Louis XIV, garni en argent, le pommeau formé par une tête de mouton ; la lame est large et gravée.

106 — Grande arbalète allemande du xve siècle, à double manivelle.

107 — Joli couteau de chasse, époque Louis XV, à poignée d'ivoire, et garni d'argent; la lame est à damasquine dorée, et le fourreau en cuir est timbré de Lons-le-Saulnier.

108 — Casque dit *Armet* en acier poli, de la fin du XVe siècle.

109 — Rapière à lame conique, à quillons recourbés; le pommeau est en fer terminé par un bouton.

110 — Rapière à quillons droits, à double garde et à pommeau côtelé, lame conique.

111 — Rapière; la lame est à double fil, les quillons sont courbés, la fusée de cuir garnie de métal, le pommeau en fer et à côtes.

112 — Épée de la Renaissance, à simple garde et quillons courbés en sens contraire; le pommeau est à double croissant.

113 — Belle garde de rapière Louis XIII.

114 — Charmant petit fusil à pierre dont le bois est finement incrusté en ivoire, gravé de sujets de chasse et d'arabesques. Époque de la Renaissance.

115 — Autre fusil incrusté d'ivoire. Travail de la Renaissance allemande.

116 — Yatagan à fourreau damasquiné.

117 — Paire de sabres, dits flissas, à lames damasquinées.

118 — Vingt-huit sabres, poignards, flissas et autres armes orientales. (Ce lot sera divisé.)

119 — Fusil oriental damasquiné en argent.

120 — Fusil marocain.

121 — Fusil turc à crosse incrustée d'argent.

122 — Fusil arabe.

123 — Paire de pistolets à crosses. Époque Louis XIII.

124 — Fusil-canardière de la Renaissance, à pierre ; sur la batterie sont quelques fleurs de lis.

125 — Fusil à pierre; la crosse est à magasin; le canon porte, avec une devise, la date 1749.

126 — Fusil à pierre et à garniture en cuivre gravé dans le goût de Louis XIII.

127 — Nombreux navajas (couteaux espagnols).

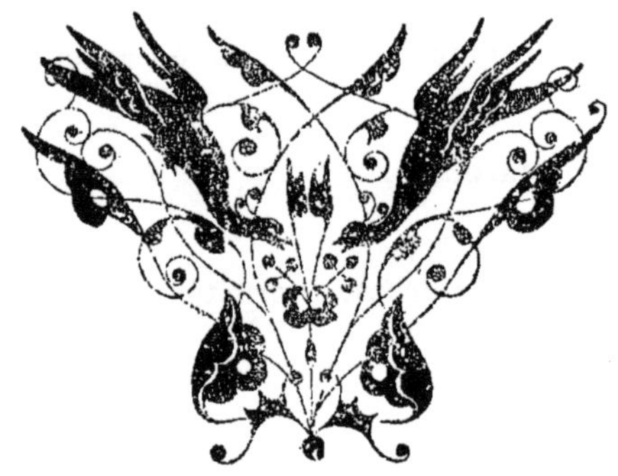

COSTUMES

128 — Belle dalmatique du XVIe siècle en satin rouge, garnie de bandes à petits personnages.

129 — Deux collerettes Louis XIII.

130 — Costume d'enfant breton, à veste de drap rouge, parementé en soie bouton d'or et en dentelle d'or et d'argent.

131 — Robe à fourreau, de l'Empire, brodée en application de fleurs sur fine mousseline de l'Inde.

132 — Costume de Minerve en cachemire blanc, à ornements peints.

133 — Tunique à corsage et jupon en taffetas tourterelle changeant, broché à fleurs. Époque Louis XV.

134 — Robe Louis XV, à rideaux en toile de Jouy.

135 — Tunique de forme romaine en cachemire gris de fer.

136 — Costume de femme hongroise.

137 — Costume de jeune fille hongroise.

138 — Habit du Directoire en ratine marron.

139 — Habit, gilet et culotte en velours lamé d'argent, doublé en taffetas blanc. Époque Louis XV.

140 — Habit, gilet et culotte en ratine lamée d'or et doublée de satin blanc.

141 — Bel habit en bouracan rayé noir et rouge.

142 — Belle veste d'époque Louis XV, en velours de Gênes havane sur fond crème.

143 — Bel habit et gilet en soie ponceau à côtes, avec applications de broderies.

144 — Culotte rouge en soie épinglée, à œils de paon. Louis XV.

145 — Habit en velours noir.

146 — Costume de style Henri III, en velours grenat, manteau, pourpoint et culotte verte.

147 — Culotte de débardeur en satin jaune garni de dentelles.

148 — Plusieurs burnous arabes en poil de chameau ou en châlis.

149 — Tunique chinoise en soie; le col est brodé.

150 — Pièces diverses de costumes suisses.

151 — Pièces diverses de costumes égyptiens : robes de fellahs, corsages, jupes, etc., etc.

152 — Jupe espagnole en satin crème avec dentelles.

153 — Jolie veste égyptienne en velours bleu, passementée d'or.

154 — Veste et tunique de Mauresque en damas de Lyon à gros boutons d'or.

155 — Costume égyptien en drap bleu de ciel, à broderie d'or et d'argent.

156 — Tunique de Mauresque en soie rayée, garnie de gros boutons.

157 — Châle en crêpe de soie de la Chine, rose, brodé en blanc et au passé de bouquets de fleurs.

158 — Très riche costume grec en velours amarante, complètement brodé en argent et composé d'une veste, d'une tunique, des guêtres et d'une ceinture de soie.

159 — Paire de petites bottes à la poulaine, en cuir russe, réappliquées de cuir de couleur et brodées d'argent.

160 — Manteau de nourrice russe, en damas de soie à passementeries dorées.

161 — Très belle robe en pou-de-soie à rayures et à ramages, fond crème moiré à bandes de satin bleu ciel broché; les manches sont garnies en résilles.

162 — Vêtement en soie d'époque Louis XIII, fond vert d'eau à ramages feu.

163 — Trois corsages Louis XV, l'un en satin broché, les deux autres en taffetas broché; un jupon rayé rose et un autre jaune pompadour à semis de bouquets.

164 — Robe genre Louis XV, en damas de Lyon, boutons d'or.

165 — Beau burnous en châlis.

166 — Haïck en châlis.

167 — Morceau de ceinture japonaise en tissu lamé.

168 — Jolie veste en damas bleu broché, et appliques de broderies or.

169 — Autre veste à rayure de satin jaune et noir, à broderies or et argent.

170 — Culotte d'Égyptienne en châlis de soie blanche, à semis de fleurs et rayée jaune.

171 — Robe en satin vert prune à petites raies blanches.

172 — Habit en drap bleu, à boutons d'acier. Genre du Directoire.

173 — Costume de juive.

174 — Deux gilets : l'un, en satin rouge; l'autre, en satin crème, tous deux ornés de broderies.

175 — Trois gilets divers.

176 — Nombreuses gandouras en étoffes diverses.

177 — Morceau de chasuble en soie fond rouge, broché à fleurs.

178 — Costumes de Breton, de marin, de zouave, de lignard, de garde française, de moine, d'Espagnol, d'Égyptien, d'Arabe, de religieuse, de Valaque, de Tyrolien, de paysan des Pyrénées. (Ce lot sera divisé.)

179 — Coiffure de bourgeoise allemande du XVIIe siècle.

180 — Lot de chapeaux italiens en paille, d'Auvergnate, d'incroyable, de hussard, d'Espagnol, de Tyrolien, etc., etc.

181 — Chaussures anciennes et modernes : bottes Louis XIII, chaussures à la poulaine, etc.

TAPISSERIES

182 — Tapisserie du temps de Charles VI, à personnages en costumes du temps. — Haut., 3 m. 65; larg., 2 m. 90.

183 — Tapisserie italienne du temps de Louis XI, à personnages, avec sa belle bordure. — Haut., 3 m. 20; larg., 3 m. 80.

184 — Tapisserie de Flandre du xve siècle, à personnages et à écusson central. — Haut., 2 m. 75; larg., 3 m. 50. — Sans bordure.

185 — Tapisserie italienne de la Renaissance, représtant un triomphe d'empereur romain, avec une belle bordure chargée de fruits et de mascarons. — Haut., 1 m. 60; larg., 7 m. 20.

186 — Tapisserie de la Renaissance italienne, à personnages. Sujet tiré de l'Histoire sainte, avec sa bordure à fruits et feuillages. — Haut., 3 m. 30; larg., 3 m. 80.

187 — Deux tapisseries des Flandres du xvie siècle, à personnages, sujet biblique, bordures fleuries.

188 — Tapisserie de la Renaissance italienne, pendant de la précédente, avec sa bordure de même. — Haut., 3 m. 30 ; larg., 3 m. 80.

189 — Tapisserie flamande, verdure, à personnages. Époque de la Renaissance. — Haut., 2 m. 70 ; larg. 4 m.

190 — Tapisserie à deux personnages. Époque Louis XIII, avec sa bordure. — Haut., 2 m. 70 ; larg., 2 m. 15.

191 — Tapisserie du XVIIIe siècle en Aubusson ; l'*Escarpolette*, d'après Watteau. — Haut., 2 m. 20 ; larg., 1 m. 70.

192 — Tapisserie du XVIIIe siècle, pendant de la précédente, mais avec sa bordure ; le sujet est la Diseuse de bonne aventure, d'après Watteau.

193 — Deux tapisseries de la Renaissance, sujets à personnages, avec belles bordures.

194 — Deux morceaux de tapisseries à personnages, également du XVIe siècle.

195 — Belle portière avec application de bandes de dalmatiques de la fin du xve siècle.

196 — Bandeau de cheminée gothique.

197 — Ancien tapis oriental à fond bleu velouté, et ornements en couleurs.

198 — Bandeau en satin bleu clair brodé, en paille d'Italie, d'un écusson surmonté d'un chapeau de cardinal et d'entrelacs.

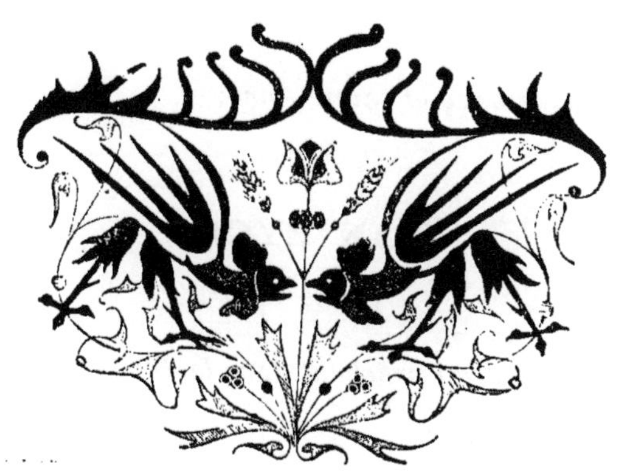

TABLEAUX ANCIENS

---

199 — *Triptyque.* Le panneau central représente une Descente de croix, et sur les volets le portrait du donateur avec sa famille. Bonne peinture de l'école allemande du XVe siècle.

200 — Tableau de sainteté du XVe siècle.

ÉCOLE DU XVIE SIÈCLE

201 — *La Vierge et sainte Anne.*

VAN EYCK

(École de)

202 — *Saint Jean prêchant dans le désert.*

ÉCOLE FLORENTINE

203 — Deux études du XVIe siècle.

ÉCOLE FLORENTINE

(XVIe siècle.)

204 — *La Vierge et les Évangélistes.*

Dans un cadre de forme ogivale.

ÉCOLE FLORENTINE

(XVIe siècle.)

205 — Copie d'une peinture de Pollaiolo.

ÉCOLE RUSSE

(XVIIe siècle.)

206 — Deux peintures russes.

207 — *Christ.*

QUENTIN-DELATOUR

208 — *Portrait d'homme.*

Pastel.

LÉPICIÉ

(Attribué à)

209 — *Courtisane.*

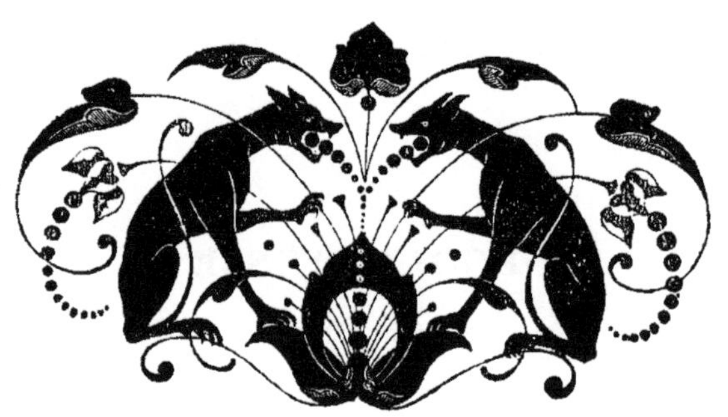

TABLEAUX MODERNES

GÉRICAULT

210 — Étude de têtes pour *le Radeau de la Méduse.*

FLEURY

(LÉON)

211 — *Le Golfe de Naples; l'Automne; les Saules.*
Étude.

BIGAND

212 — *Tête d'Italienne.*

COROT

213 — *Rome, porte de Laurentano.*

BRUNE

214 — *Le Blessé.*

Étude.

MADRAZZO

215 — *La Liseuse.*

VICE-ROI D'ÉGYPTE

216 — *Les Bords du Nil.*

GAUDIN

217 — *Portrait de Rembrandt*

Copie.

SUBLEYRAS

218 — Copie de *Nagalbrundt* du Louvre; *Porte de bazar.*

VELAZQUEZ

(Copie d'après)

219 — Tableaux du Louvre.

OUVRIÉ

(JUSTIN)

220 — *Couvent de Naples.*

Aquarelle.

CHÉRET

221 — Trois paysages à la gouache.

GIRAUD

(CHARLES)

222 — *Paysage.*

Gouache.

ALEXANDRE DUMAS

(MARIE)

223 — Deux dessins.

GIRAUD

(EUGÈNE)

224 — *Le Voyage en Espagne.*

Ce tableau contient les portraits d'Alexandre Dumas père et fils, de Boulanger, de Desbarolles, Auguste Maquet et Eugène Giraud, le guide et le domestique dit Eau-de-Benjoin.

225 — *Famille de paysans de Cervara.*

226 — *La Douane italienne au Simplon.*

227 — *Le Bal de l'Opéra.* Esquisse du tableau au fusain.

228 — *La Confession du Toréador.*

229 — *Bohémienne espagnole.*

230 — *Cour à Constantinople.*

231 — Cent dix études diverses.

232 — Très bel album de croquis à la plume ayant trait au Voyage en Espagne d'Eugène Giraud et ses compagnons : A. Dumas père et fils, A. Maquet, Boulanger, Desbarolles, etc.

GIRAUD

(VICTOR)

233 — Soixante études.

GIRAUD

(CHARLES)

234 — Quatre-vingt-une études diverses.

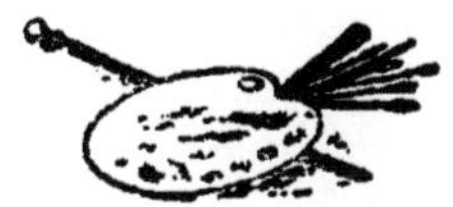

GIRAUD

(EUGÈNE ET VICTOR)

Trois mille Dessins, Aquarelles, etc.

LIVRES

235 — Collection complète des œuvres de J. J. Rousseau, reliée. Édition de 1782, Genève, illustrée.

236 — L'Ancien et le Nouveau Testament, reliure en peau de truie, avec écoinçons et bossettes du XVIe siècle.

237 — L'Histoire du Vieux et du Nouveau Testament, édition de 1696, Paris. Illustrée.

238 — Cosmographie universelle de Sébastien Munster, XVIe siècle. Illustrée sur bois.

239 — Dictionnaire relié en peau de truie, avec ses fermoirs en cuivre. Fin du XVe siècle. Illustré.

240 — Histoires des choses mémorables, par Surius, mises en français par Estourneau, Saintongeois, 1571.

241 — Problemata Aristotelis-Michaelis. 1579.

242 — Livre italien sur la peinture.

243 — Livre d'heures relié en parchemin, du XVIe siècle.

244 — Six volumes divers du XVIe siècle.

245 — L'Ancien et le Nouveau Testament, grand volume illustré de gravures sur bois. Fin du XVe siècle.

246 — Missel sur parchemin, à vignettes.

247 — Histoire de Charles VI, de Le Laboureur, édition de 1663. 2 volumes.

248 — Nombreuses livraisons du journal *l'Artiste.*

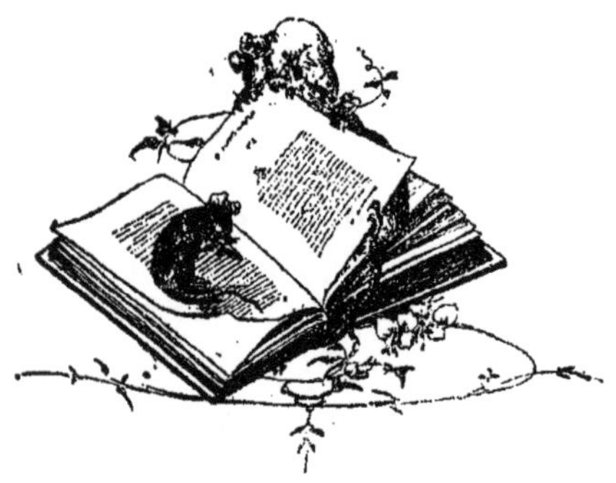

OBJETS D'ATELIER

249 — Nombreux cadres en bois sculpté et doré. Époques Louis XIII et Louis XIV.

250 — Mannequin.

251 — Squelette articulé et complet.

252 — Chevalets porte-cartons.

253 — Boîte de peintre, etc.

254 — Nombreuses gravures anciennes et modernes.

255 — Débarras.

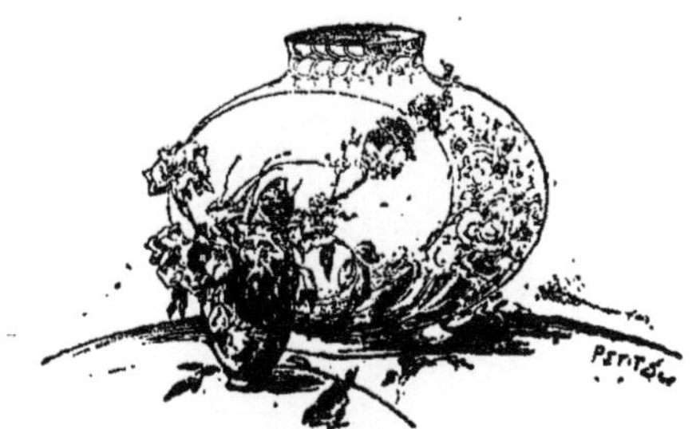

www.ingramcontent.com/pod-product-compliance
Ingram Content Group UK Ltd.
Pitfield, Milton Keynes, MK11 3LW, UK
UKHW020447180726
13839UKWH00004B/1680